yukismart.com/b/63479e
AF291974
1
2

chat

кошка

chien

собака

poisson

рыба

oiseau

птица

poule

курица

coq

петух

poussin

цыпленок

oeuf

яйцо

vache

корова

mouton

овца

cochon

свинья

chèvre

коза

cheval

лошадь

âne

осёл

souris

мышь

lapin

кролик

dinde

индюк

oie

гусь

paon

павлин

canard

утка

caneton

утёнок

cygne

лебедь

libellule

стрекоза

mouche

муха

fourmi

муравей

fourmilier

муравьед

coccinelle

божья коровка

ver de terre

дождевой червь

limace

слизняк

chenille

гусеница

escargot

улитка

papillon

бабочка

sauterelle

кузнечик

abeille

пчела

miel

мёд

araignée

паук

herbe

трава

scarabée

жук

moustique

комар

scorpion

скорпион

lézard

ящерица

tortue

черепаха

crabe

краб

crevette

креветка

homard

лобстер

baleine

кит

requin

акула

raie

скат

dauphin

дельфин

oursin

морской еж

méduse

медуза

calamar

кальмар

étoile de mer

морская звезда

mouette

чайка

mer

море

pélican

пеликан

cormoran

баклан

coquillages

ракушки

sable

песок

éléphant

слон

zèbre

зебра

girafe

жираф

serpent

змея

crocodile

крокодил

lion

лев

tigre

тигр

hippopotame

бегемот

rhinocéros

носорог

guépard

гепард

chameau

верблюд

antilope

антилопа

flamant rose

фламинго

autruche

страус

cigogne

аист

perroquet

попугай

gorille

горилла

singe

обезьяна

koala

коала

panda

панда

kangourou

кенгуру

hérisson

ёж

écureuil

белка

loup

волк

renard

лиса

raton laveur

енот

ours

медведь

cerf

олень

aigle

орёл

chauve-souris

летучая мышь

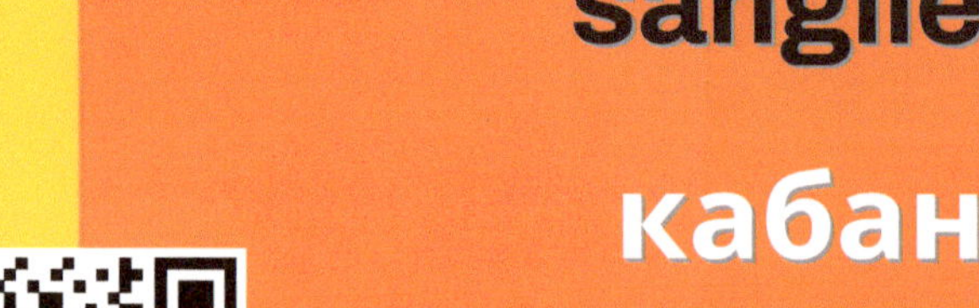

sanglier

кабан

corbeau

ворона

hibou

сова

pivert

дятел

putois

хорёк

taupe

крот

castor

бобёр

ours polaire

белый медведь

neige

снег

pingouin

пингвин

chouette des neiges

белая сова

forêt

лес

montagne

гора

narval

нарвал

orque

косатка

morse

морж

phoque

тюлень

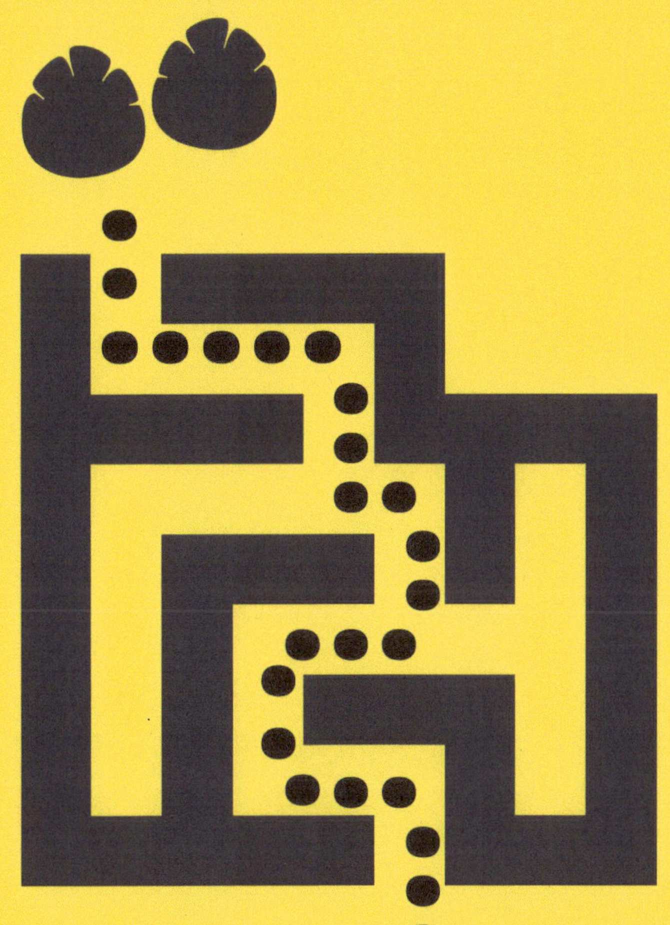

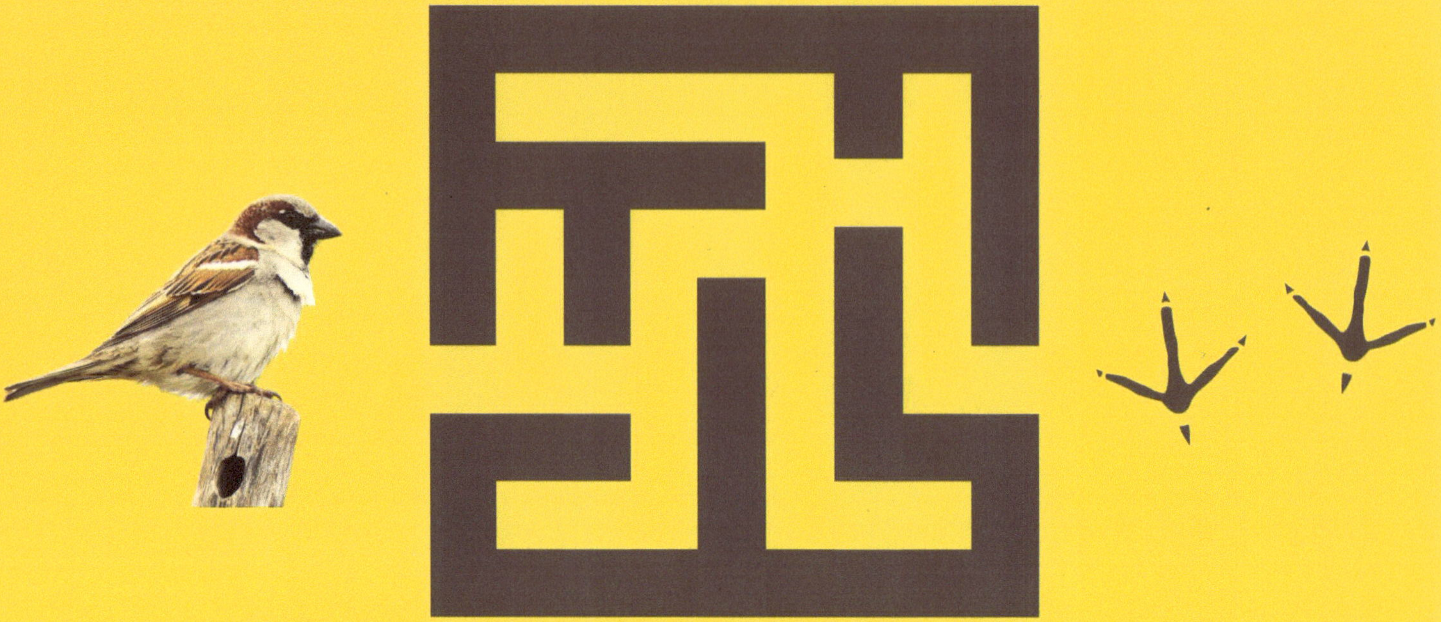